VIVIR EN TU INVIERNO

Martín Lorenzo Paredes Aparicio

Vivir en tu invierno

Primera Edición 2025

© Martín Lorenzo Paredes Aparicio 2025
© Autor, foto y pintura: Francisco Carrillo Rodríguez

© Ediciones Rilke.
http://www.edicionesrilke.com
editorial@edicionesrilke.com
C/Dr. Fleming Nº 50, 4ºD
28036 Madrid
Teléfono: 34 91 345 38 17

ISBN-13:978-84-18566-48-6

Depósito Legal: M-1313-2025

VIVIR EN TU INVIERNO

MARTÍN LORENZO PAREDES APARICIO

Cantando al amor

¡Escuchad! Se oye la dulce música salida de la garganta de un pequeño canario en un balcón de Rosales. El sol se va poniendo, y él, entre libros y libros pasa sus atardeceres, leyendo, escribiendo y deleitándose con melodías clásicas. Ahí está, el poeta, esperando a su amada que regrese de ese hospital de los milagros. Ella es una luz venida de los Jardinillos, que alumbra su corazón, un rayo de fuerza y coraje que atraviesa la tinta de las líneas de su historia de amor, y que con tesón y paciencia es capaz de soportar el peso de la penumbra de su vida, la figura de su sombra, el hinojo y el tomillo que aderezan el alma del fruto recolectado del olivo más puro, de los campos de esta ciudad que vive atormentada por el olvido de sus hijos, y que él intenta despertar con su silencioso grito, con su energía pausada. Ella es su musa, la protagonista de sus versos.

El autor crea con su poesía un escenario íntimo entre dos almas enamoradas, consiguiendo obtener de los distintos elementos del mar una caricia con la que obsequiar a su pareja. Un amor vivido con toda intensidad como si estuvieran llegando al final. Escenas que recuerdan y renuevan cuando vuelven a su polis natal. Maravilloso otoño de Jaén que viste nacer el amor entre el poeta y su musa.

Bajo la luna y a la orilla del mar sellan sus sueños, con la esperanza de verse cumplidos como pareja, toda la eternidad. Dos almas enamoradas bajo la alcazaba de una alegre ciudad, o también atravesando el dintel del arco que separa la tierra del océano, situado en una isla de cúpula dorada donde todo es felicidad. Pero todo termina y a su Jaén volverán. Acaban de llegar a su tierra serrana cubierta por las hojas del otoño y sienten nostalgia de ese mar de olas de amor, que vienen y van en ese entorno de playa y sol. Ya sólo les queda contemplar otro puerto, de un mar picual, plateado y con corrientes de oro líquido que recorren la figura de ese reptil, símbolo de la ciudad.

Letras cargadas de una sensible y discreta sensualidad, sencillas y elegantes, prosa poética hecha plegaria para ensalzar la figura de su amada, moldeada por los sentimientos hacia ella, situándola en el núcleo de su existencia, temiendo el final inevitable, temiendo que esa unión no sea eterna. Existencia prolongada en el tiempo y en el espacio, un espacio creado por ellos dos, recorriendo, serpenteando plazas y calles donde juntos fueron descubriendo ese gran amor. Éxodo romántico del verano al otoño; éxodo de placer entre la noche y el día, tristeza y melancolía por la ausencia cuando la mitad del lecho se encuentra vacía.

Un momento, el tiempo se congela, parecen estar solos en el mundo. Sus deseos son cumplidos, sus almas abandonan su nido de amor, y desplegando sus alas invisibles al cielo, a la cruz del cerro llegarán y de allí divisarán todo el entorno que les rodea, una sierra sin igual, y de la que poseen vivencias que en su corazón y en su mente quedarán y a la que algún día sus cuerpos retornarán, pero su amor siempre estará latente entre el mar, la montaña y su querida ciudad.

Y ya terminando estoy, recordando al lector que mientras recorra con todos los sentidos este poemario, haga una pausa, cierre los ojos y escuche en su interior el cantar de ese poeta de Rosales. Ahí seguirá escribiendo a su musa, y a sus hijas, Julia y Emma, versos de amor. Gracias Martín, por confiar en mí esta misión.

José Domingo Lanzas Martínez

Camino

La primavera cruza las postrimerías del invierno y los vencejos reniegan de su condición de emigrantes. Como todos los días, desde aquellos de Lisboa, vas al hospital.
Los pasillos ya saben tu nombre y la luz filtrada por las ventanas escolta la paciencia de tus ojos.
Vas contenta, con tu traje de enfermera.
La devoción al Dios, que tú admiras, empieza en la sala de quimioterapia.
Los primeros pacientes del día se encomiendan a la habilidad de tus manos y al consejo de la experiencia.
"No tengan miedo, todo va a salir bien. Pronto volverán a la ternura de sus hogares. La llama de la victoria destruirá las células del miedo". Les dices.

Natalia

Dejas atrás el aire de la noche.
Y hallas el límite en otro lugar.
Y los pasos que rompen invisibles
la quietud de la acera sin un alma.
Y sola con el viento que te empuja
llegas a descender por el sendero
para buscar la plaza donde existe
el sueño que al principio creías
que no era tuyo, o no quisiste vivirlo.
Ahora llega ya, sin importarle,
alguien con la noticia, con el nombre
que nunca deberías de saber.
Eres la luz, de las noches espejo.
Eres la nada, lo claro, la ausencia.

SOLTISCIO

I

Apenas has dormido.
Emma, inquieta
ha buscado la carne
de tu pecho.
Vuelves al rito del agua,
tus pensamientos aclara.

Apurada, anoche
cerraste la puerta
para convertirme
en otro testigo
de tus vigilias
de invierno.

II

El amor existe porque
tú lo has inventado.

III

Ahora que volvemos
a la paz de tu dormitorio.
Abajo, en la plaza,
sube la desidia
del que vela su conciencia
desde la aurora.
El libro que te di
para que nunca lo leyeras.
Y Julia, duerme su luz,
sola, a nuestro lado.
Amarnos como siempre
será nuestra historia.

IV

Cuando la guerra de Ucrania estalló,
yo estaba celebrando
el cumpleaños de mi hija.
La imagen de la llama de la lucha
se mezclaba en el cristal
de la mesa, con las velas.
La tarta, también, iba a explotar.
Pero, existe otro conflicto.
En la plaza de abajo,
reos de la belleza de las hojas,
malviven los otros,
esperando el nacimiento
del sol. Natalia acaba de descubrirlos.

V

Y la biblioteca
es como un santuario
de nuestros recuerdos:
libros sin leer, poesía
que nunca escribirás.

Pero tu furia de poeta
resurgirá con el color
amarillo de noviembre.

VI

La luz se filtra
tras la ventana.
Y amanece lento,
como se abre el párpado
al cielo.
La incertidumbre de amar
en cama extraña,
se desvanece.
Asombra la imagen
en el lecho,
presos los cuatro
de las sábanas.
El canto del pájaro
nos guía a la pureza
del Atlántico.
Y las mascarillas
en la playa
son los grilletes
de un mundo triste.

VII

Amo las tardes de julio.
Mi voz, heredada de mi abuelo,
invita a dormir.
En las aldeas,
mientras el astro brilla,
la siesta es la cuna
de las mejores historias.
Y al despertar abrimos
la puerta de otra
tarde de verano.

VIII

Recuerdo las tardes de abril.
El tiempo aún dormita,
sereno, entre las nubes.
Sales con ellas.
Y miras al balcón.
Sabes que estoy.
Sabes que intento
reconstruir nuestra historia.

IX

Intuimos que muy pronto nos iremos
del piso, tantos años…
Y tantas vidas vividas,
la tuya, la mía y la de ellas dos.
No temas. Si algo es real,
es la fortaleza para crear siempre
algo nuevo, otro hogar.

X

Imaginarnos siempre juntos,
no en la adversidad ni en la alegría,
sino en lo cotidiano,
es el más grande acto de amor que existe.

XI

Tejer una vida juntos
es como un túnel,
donde se mezclan
los oscuros con los claros.
En la plaza,
los recuerdos se esconden.

XII

Las miras antes de irte a trabajar.
Indagas en su sueño.
Quieres saber cómo serán sus vidas.
Vuelves a mirarlas.
En sus ojos, la brisa de Eos nace.

XIII

Cubrir deseo
las horas en las que te vas.
Y desespero al mirar el salón,
y no verte.
Así transcurren las mañanas,
pesadas y lentas.
Esa caridad y paz
que en el hospital das
como nuestras quisiera sentirlas.

XIV

Otra mañana igual.
Abres la puerta.
Antes, las has visto durmiendo.
La paz de sus sueños inquebrantable
te tranquiliza.
Intuyes cómo la luz de tu mar
descubre los recuerdos escondidos
entre los muebles,
sin avisar.
Salir siempre, en las claras, te cura.

XV

Su voz es como una fiesta.
Sirve para construir el mejor verso.
Las ves escondidas
en el pasillo.
Su risa es la luz
que derriba las sombras de tu mundo.

XVI

Nuestras madres bordaban
sueños en la noche
mientras dormíamos.
Y al despertar
se desvanecían
en una laguna.
Yo escribo para que nuestros
sueños venzan
a las madrugadas
en las que el insomnio
apresa a nuestras hijas.
Y la hilandera de mis duermevelas
aún conserva la magia del dedal.

XVII

Antes, las noches eran invisibles.
Apenas, un ruido,
un murmullo.
Ahora, son coto privado
de las niñas.
Sus desvelos aciertan y te apresan.

Madrugadas sin dormir.
Y las calles, con sus cielos abiertos,
el secreto descubren
de tus pasos.
Y tu mañana empieza en una sala
de quimioterapia.

XVIII

Han pasado diez años.
Todavía me acuerdo
de nuestra luz,
de aquella tarde,
del beso que lo cambió
todo.

XIX

Vuelve el animal sus ojos
a la penumbra
de la noche.
Su mirada serena, con tu selva.
Mi mano en tu muslo.
Como una huella en la playa.
En las noches de noviembre,
siempre te deberé varias disculpas.
La puerta del dormitorio,
abierta.
Y en la cama leo
en el diario de tus ojos.
Siempre un otoño habrá
con su libro de hojas
amarillas.

XX

Hace tiempo que nos fuimos
¿Adónde? Ese lugar no lo sabemos.
Las conversaciones,
los cigarros sonámbulos,
el vino en sus copas.
Y el poema que escribirte nunca pude.
Aún hay tiempo
de regresar juntos.
Espérame, no tardo.
No apagues la luz.

XXI

La noche es su cuna.
Me gusta mirarlas
con la luz que presta un libro.
Mañana se levantarán con el sol
que la ventana descubre
y un piso desordenado.

XXII

La luz es el espejo de la noche,
que se refleja en las estrellas,
la ventana, el espacio
del insomnio.
Un hombre herido en la plaza.
La mirada, su violencia,
es más letal que las bombas.
Ven y abrázame.
El silencio es la flor que nos protege.

CANDELARIA

XXIII

Ahora que duermes
en un sueño que ya no es solo tuyo.
Ahora que rozas
más de una piel.
Ahora es cuando más
te quiero.
Cuando tus ojos
miran a los suyos.

XXIV

La puesta de sol termina.
Nadie queda en la playa.
La palabra, en una botella, presa.
En un lugar del Atlántico
nos nombran.
Los días, tan monótonos,
son una venganza.

XXV

De pronto, el salón vacío.
Las voces de las niñas
y el tocadiscos tan viejo.
La nieve de la noche
alumbra la primera historia.
Pero pronto, Julia y Emma,
de nuestro invierno emigrarán.

XXVI

Tú y yo, otra vez, en Jimena.
No sabemos medir
los veranos que han pasado.
En la autopista, guiabas
consciente de lo que podía pasar.
Señaladas por la luz de la cima,
ellas duermen.
Es su primera incursión
a una tierra de frontera.
Testigo de otra historia.

XXVII

El trozo de costa
que admiras
es como un anillo.
Se desciende por
un acantilado.
La playa parece
un cuadro de costumbres:
varada, la barca, al amanecer,
las gaviotas y el pescador
de diario.
Y el niño suelta la mano del padre
para correr por la arena.
La palabra del viento
es el prólogo de un mar
abierto a la mañana.

XXVIII

En la estación
de los libros,
te espera una gran historia.
Sueles llegar la primera.
La posibilidad de elegir antes
te emociona.
La verdad que sientes
vive en el interior
de sus páginas.

XXIX

El deseo nace
en las noches.
La madrugada
es una locura
de juventud.
Hoy quiero ser un animal con furia,
recordar los abrazos en lo oscuro.
Pero duermes.
Esta noche, seré
sólo tu compañía.

XXX

El mar roba el silencio
a la noche.
La luna es un vértice
en la arena finito.
Pronto la marea borrará
la punidad de las huellas.
Al agua arrojas flores.
Tu promesa se cumple.
El amor prende
en el solsticio.
Pronto llegará el velo
de la madrugada.

XXXI

Los versos de Izal,
curan la tristeza de algunos días.
No todos son de vinos
y rosas.

XXXII

Qué lentas corren las tardes.
El viento no tiene prisa.
Subes con lentitud
las cuestas de otro verano.
Cruzas sin oposición el semáforo,
siempre en verde para ti.
En una ventana, la luz pide tregua.
No sé cómo terminar esta poesía.
El oficio de enfermera
es un salvoconducto
al amor.

XXXIII

En ocasiones, las noches se tuercen.
El plan de película y vino,
alterado,
un llanto, un lamento…
Y vuelves a empezar.
Piensas en la levedad de su duermevela.
Y comprendes por qué te llaman luz.

XXXIV

Regresas cuando
expira la tarde,
como un delincuente
arrepentido de salir
siempre corriendo.
Cargas con la mirada,
del que se queda
en la consulta.
Su vida es también
tu vida.
Está nevando,
subes la pendiente.
La huella de tu invierno
es su esperanza.
Pronto cerrarás la puerta
de otro día.
Para soñar que el final siempre es feliz.

XXXV

¿Cómo se salva una vida?
Te lo imaginabas.
Pero hoy lo has sabido.
El hombre, sin pulso.
La reacción, muy rápida.
Lo tiras al suelo y tus manos fuertes
agarran su corazón.
Te encomiendas
a la mecánica de la experiencia
de un curso que hiciste
en una tarde de verano.
El paciente parece querer subir
con su alma al cielo.
No lo dejas. Su vida
con tus brazos sujetas.
El poema continúa.
Él, todavía, no tiene permiso
para partir.
Desde hoy, te llamarán
heroína, quizá.
Amar es tu vocación, tu flor
más hermosa.

XXXVI

De infortunio las tardes se oscurecen.
Y la luz se pierde por los quebrados
de los montes partidos por los valles.
Y sonámbulo, un horizonte queda.

La palabra, que tú antes has perdido,
vive; nadie comprende su misterio.
Alguien habla por ti, desde muy dentro.
Y pienso que acabarse todo puede.

Pero, otra vez, la fortuna regresa.
Y, de nuevo, el olvido nos avisa.
Vuelve la luz desde donde nace.

La razón nos impulsa a delatarnos.
La partida que queremos ganar.
En la madrugada, te vuelvo a descubrir.

XXXVII

Han inventado un pasillo,
en el hospital, blanco.
En sus paredes cuelgan
cuadros con fotos de los que ya no están.
Su itinerario
es obligatorio.
Pero, a veces, no quieres
cruzarlo.
Sus almas parecen querer
hablarte.
No temas, tu amor
amainó la tormenta de sus curas.

XXXVIII

Cae la noche; domina el silencio.
Un verso nace perdido del poema.
Fingiendo que todavía estás ahí.
Espero no sucumbir a tu olvido.

El reflejo de la luna que sangra,
la impúdica cicatriz ha alumbrado,
en aquel corazón que tú allanaste
al caer el ocaso de una lágrima.

Y lo envuelve todo la claridad
de un cielo que no supimos ver.
Vacío. Me desangro, sin remedio.

¡Cuántas veces con tu nombre soñé
en esta madrugada sin aurora
sabiendo que sin avisar te fuiste!

XXXIX

Otra vez te descubre el sol, callada.
La sábana, frontera de una luz.
Linde, tránsito que protege el lugar
donde nacen el amor y la vida.

XL

Tantas veces cura decir te quiero.
Igual que un baño en el mar.
Hoy, te has ido pronto.
Apenas, en la orilla, estás sentada.
Las niñas, conmigo.
Adormecidas por la voz antigua
de las olas.
La arena es el espejo que recuerda
tu regreso.

XLI

Miras al cielo.
Y seguro que te acuerdas de todos.
No puedes evitarlo.
Ahora, mientras piensas en la orilla,
ellos están
en una celda que no esperaban ver
tan pronto.
Pero la luz de mar te habla, te dice
que no bajes el ánimo.
Ellos luchan, su promesa es para ti.
Te van a esperar.

XLII

No tengas duda.
Escúchame,
voy a quererte.
Y mira el oleaje de la playa,
la sed inmortal
de la gaviota presa de los vientos.
Nuestro amor, tan profundo como el mar,
nadie conseguirá
devastarlo.

XLIII

A mi hija de cuatro años

Acuérdate, Julia,
de la luz del
Mediterráneo.
Con dos años, ya lo habías visto.
Eras valiente, tocar siempre el mar
querías.
Todavía sigues haciéndolo.
Salvar vidas en el azul
es el hilo de tu destino.
Las primeras palabras de este poema
son muy ciertas.
Sin embargo, tus veranos son cuatro.
Sé que tu ventura
será entrar en el mar de tu infancia,
donde las olas
pronuncian con alegría tu nombre.

XLIV

Caminas despacio
por la ciudad que tu abuelo te contó.
Sin embargo, no la encuentras.
El humo de un cigarro en la oscuridad
delata la impostura
de una tierra que nunca aprenderá.

XLV

Ahora, que duermen.
Y tú, con el camisón ajustado
(aquel que compraste en una lencería de Lisboa).
Pareces una transparencia,
en la que la luna esconde su deseo.
Ahora, voy a buscarte,
antes de que la frontera de tu vela
nos expulse.

XLVI

Un sendero recorres
todas las mañanas.
Camino fugaz, retiro
que el alba crea.
Huyendo del contraluz,
buscas en el desvelo
del mediodía
la paz.

OSTARA

XLVII

Abro la ventana,
luz en el cielo.
La lluvia de otoño
empapa el asfalto.
La hoja, caída
en el río de la calle.
El humo del cigarrillo delata.
A mi lado, el libro abierto:
la página donde
el amante de Venecia juró amor
eterno.
Otra luz me aleja de este
sueño, y con lentitud
desciendo como el ave
a la plaza.
Ella me espera: la lluvia
cesa, amaina,
los árboles retienen
sus hojas.
El arroyo
olvida el camino.
Y en el alma de la plaza un pilar.
Tendida ella al fresco,
pinta mi nombre,
en el lienzo nacido en la mañana.

XLVIII

La amanecida es la voz
que la despierta.
Otro día más ha recorrido
el mismo sendero.
La sombra del ciprés
alerta.
La niña duerme
y su pecho olvida.
El amor es una deuda
que hay que pagar.

XLIX

Las llevo en los brazos.
El pasillo es el recorrido
de mi infancia,
es el recuerdo de las largas noches
de verano en una habitación compartida.
Tres camas y tres hermanos.
El espacio y el tiempo
estaban ausentes.
Éramos niños
y muy felices.
Esta noche en el pasillo el recuerdo se agranda.
Sonríen Julia y Emma.
El ánima del insomnio vigila,
ve en las claras su reflejo.
El dormitorio
de mi niñez
mi vela sostiene.

L

¿Acaso no recuerdas
la primera vez?
Fue en ese café de antiguo
que tanto te gustaba.
Y llegaste antes
de la luz vespertina,
con un libro prestado entre tus manos.
Hoy, ya duermes cerca de mí.
Julia y Emma son el amor,
nos salvan y auxilian.

LI

Duermes. El ruido fértil de tu pecho
calma mi conciencia.
Afuera, la noche busca
la mortaja,
la soledad de las calles.
Inventada una ciudad,
halla los antiguos huertos
ocultos tras los muros.
Y mientras, yo,
sin atreverme a tocar tu alma,
abro la puerta
de la noche.

LII

Al tiempo en que la noche abre sus ojos,
se clava en mi piel
el recuerdo.
Tú, cruzando con la palabra, y detrás
Julia, inquieta, por la voz del animal
que siempre ha mirado
a las tierras del oeste.
Del Atlántico, su luz
cura como la primera
flor de abril.
Y pronto los tres
volveremos a traspasar
la linde prohibida
de los cañaverales.

LIII

Llevas la noche,
cazadora de sueños.
La ciudad, la luna
y su nostalgia.
Caminas, buscas la casa
donde nació
la huella de un amor.
Pero la nevada luz
del invierno sepulta
tu deseo.

LIV

La sonata crece
al claro de la luna.
La quietud
de una luz cautiva
se sobrepone.
Miras por el cristal y hallas
unas luces clavadas en la loma.
Quizá es la ciudad
de tus sueños.
El lienzo celeste
hurta las estrellas.
La luz es la lágrima de la música.

LV

La rosa siempre visita
tu alma.
Amontonas recuerdos.
Se hace desván en tu mirada la luz.
Aciertas a verla.
Te reta en el espejo de la noche.
Llévame a cualquier
lugar de una geografía perdida.

LVI

Cuántas veces miraste
desde la puerta.
La casa antigua
y la República.
Cerca del bosque
de las hadas.
Los libros están catalogados
según el espíritu
del autor que los escribió.
Existe un túnel;
el camino para que
vuelvan a la paz del bosque.
El ánima de las musas reside
en la piel curtida
del pergamino.

LVII

Y tu luz es el inicio de un poema.
Es clara como la ola de un recuerdo.
Envuelta en tu quietud,
buscas el mar
entre las nubes,
cruzas la montaña,
la luna.
Hallas la pureza
del océano.
La duna, el reloj
del tiempo detenido.
Y en la lonja de la arena,
disputas al sol
el descenso
al abismo que nadie conoce.

LVIII

En tu lado de la cama,
dejaste una herida abierta.
Soy, cuando vienen
las noches,
una sombra.
La muchacha y el zagal
regresan de la fiesta.
El agua es la tumba
fría de la noche.
Y miro, otra vez,
el lado de la cama.
El amor consiste en soportar
tu ausencia.

LIX

A Julia y Ema

La luz en sí misma es el mar.
Se proyecta sobre el cielo.
Y la culpa
se convierte en azul,
desaparece.
La niñez
es el inicio de un sueño.
Pronto sentirá
el primer bautizo,
en el océano.

LX

Lo sé, no lo hice bien, sucumbí al miedo,
a la pobreza.
El lenguaje de los desheredados
es un colmillo,
que golpea con furia
en la noche.
Salí corriendo,
para poder escribirte este poema.
Abandoné
el cobijo de tus brazos,
mi consuelo.
Me encontré
en un páramo vacío,
igual que la gaviota
en una playa desierta.
Encajé el alma de mi puzle,
por fin perdía la inocencia.
El lenguaje de tus ojos es mi fiel
salvoconducto.
Después de hoy,
saldo mi deuda,
agarrado a la carne rosa de tu pecho.
La mañana es frágil
como la flor
de algún jardín.
Ella aún duerme,
crece deprisa.

LXII

Esta vez,
hemos cenado tranquilos.
Ha pasado mucho tiempo.
Las niñas, tan calmadas por el agua,
los sueños descubren
pero en el fondo, dudas, las extrañas.
Sus maneras en la mesa
divierten, y no quieres renunciar.
Buscas el dormitorio con rapidez.
Abajo, en el suelo,
la luz caída surge para velar sus noches.

LXIII

La mesa, en la que te reúnes es redonda, de modo que ocupas un puesto de igualdad. Aquí, analizas los estados emocionales de tus amigos, para que el tratamiento sea más llevadero.

En un rincón, existe una luz que solo ves tú. Es un santuario, en el que las esperanzas y los buenos deseos se van acumulando hasta que salen libres y curan el cuerpo y alma del enfermo.

En esta habitación haces realidad lo que Jesús predicaba. Guardas su futuro.

Y caminas en silencio, elevando solo tus ojos para ver las risas de los pacientes.

Tu voz es la cura de una sociedad, que no sabe cuándo abandonó el amor y la empatía hacía los demás.

Vuelven los vencejos a volar bajo, pronto emigrarán a las tierras de su invierno.

Poemas de Julia y Emma

Noche I

Los recuerdos vuelven y en la oscuridad se ven claros como las
estrellas.
La noche está siendo un reloj sin cuerda; apenas consigo
[dormir.
El tiempo es prisionero de los árboles de la plaza.
Vuelve rápido del hospital de los milagros.
Y deja un poco de amor; que sea la paz que cura a los que allí
[luchan.
No temas, madre, a despertarme.

Noche II

Anoche, madre, pronuncié tu nombre en sueños.
Vi tu lado ausente de la cama.
Pero supe sostener mi alegría, a pesar de que te habías ido,
pues sé que siempre vuelves con la amanecida.

Noche III

¡Qué misterio encierran las noches en las que te vas!
¿Qué secreto escondes?
La incertidumbre de la nueva normalidad es una soga que te
[ahoga.
En el hospital, las noches de pasillo blancas nos conectan.
En las madrugadas, madre, todos los poemas esconden una
victoria.
Pronto llegará el alba y se abrirán las ventanas de mis ojos.

LXIV

La luna muestra el camino. Recuerdo la primera vez, que fui a recogerte. La calzada, que está dentro del recinto, se esconde entre unas hileras de plataneros. Es aconsejable no pisar su suelo. Antes de conocerte, la evitaba. Pero, ahora, me resulta agradable recorrer su tramo porque sé que voy a verte.

En el hospital, los días y las noches son consecuencias del tiempo detenido.

Es un día de noviembre cualquiera, el otoño ya se adhiere a la piel y las hojas caen alevosamente de los árboles.

Y mientras, yo espero encontrarme, antes de que salgas de tu labor, con un pintor, un poeta o un músico, para que me explique por qué noviembre siempre es el mes de la melancolía.

LXV

Ahora, nuestras noches han cambiado. Más de un año sin dormir abrazados. Las prioridades son otras. Las niñas ocupan nuestros desvelos.

Primero Emma, la más pequeña, después Julia. Su turno es más largo. Pues, antes de subir a la cima de su sueño, su curiosidad recorre los caminos del diálogo.

LXVI

La Luz caída de la lámpara, el salón de una ciudad de interior son tu refugio. Desde la ventana, ves el Valle del Guadalquivir; ahí, Jaén se hace provincia.
Al alba, vences tu miedo y cruzas el umbral del nuevo día.
Mientras, el poeta imagina historias, quizá verdaderas, pero siempre honestas. Más de dos meses encerrado, entre libros y visiones, entre copas de vino, y rosas en las macetas.
Y Julia y Emma revelan el sentido de la vida.

LXVII

Y saber que tus tardes son mañanas,
es una condena.
No adivinar la forma de ayudarte,
pesa igual que
el ancla que se suicida en el mar.
El apartamento,
desordenado, y ajenas las niñas
a la tregua
que pides encadenada al silencio.

LXVIII

Antes, las salidas
eran acordadas.
Un bar, un museo…
Las entradas para
el cine siempre
las comprabas tú.
El poema,
la luz del mar,
y su puesta de sol.
Sin embargo, ahora
nada se negocia.
Las niñas ocupan
nuestros desvelos.
Su corazón ordena.
Y nosotros
asentimos.
Pero es tan mágico
por ellas claudicar
que todo parece
que no existió.

ÍNDICE

Camino 11
Natalia 12

SOLTISCIO **13**

I 15
II 16
III 17
IV 18
V 19
VI 20
VII 21
VIII 22
IX 23
X 24
XI 25
XII 26
XIII 27
XIV 28
XV 29
XVI 30
XVII 31
XVIII 32
XIX 33
XX 34
XXI 35
XXII 36

CANDELARIA **37**

XXIII 39

XXIV.. 40
XXV.. 41
XXVI... 42
XXVII.. 43
XXVIII... 44
XXIX... 45
XXX.. 46
XXXI... 47
XXXII.. 48
XXXIII... 49
XXXIV.. 50
XXXV... 51
XXXVI.. 52
XXXVII... 53
XXXVIII.. 54
XXXIX.. 55
XL... 56
XLI.. 57
XLII... 58
XLIII.. 59
XLIV... 60
XLV.. 61
XLVI... 62

OSTARA **63**

XLVII.. 65
XLVIII... 66
XLIX... 67
L.. 68
LI... 69
LII.. 70
LIII... 71
LIV.. 72

LV 73
LVI 74
LVII 75
LVIII 76
LIX 77
LX 78
LXII 79
LXIII 80

Poemas de Julia y Emma **81**

Noche I 83
Noche II 84
Noche III 85
LXIV 86
LXV 87
LXVI 88
LXVII 89
LXVIII 90